Brigitte Kirschning

Omas kleine Häkeleien

Brigitte Kirschning

Omas kleine Häkeleien

Zauberhafte Accessoires aus Garn und Perlen

AUGUSTUS

Inhalt

Vorwort

Dieses Buch ist den alten, schon fast vergessenen kleinen Häkeleien gewidmet, liebenswerten Kleinigkeiten, ein bisschen altmodisch und kitschig, vielleicht unnütz, aber mit viel Liebe gehäkelt. Diese kleinen Dinge sollen Freude bringen in den Alltag, als kleines Geschenk oder Mitbringsel.

Erlernt habe ich die alten Techniken und Muster in längst vergangenen Zeiten, von meiner Großmutter in meiner Kinderzeit. Schon damals gab es das Perlenhäkeln und die Irische Häkeltechnik, schon damals wurden kleine Seifenbeutel oder sogenannte viktorianische Täschchen gehäkelt, die zur Zeit in den USA eine Renaissance erleben. Wenn man die Glitzermütze mit Perlfransen oder die Perlenbörse mit nostalgischem Taschengriff betrachtet, sollte man denken, die Zeit sei stehen geblieben. Oder kommen die guten alten Zeiten wieder zurück? Sind die Ideen und Häkeleien einer Oma, die in den Augen heutiger Kids schon ur-ur-uralt ist, doch noch immer gefragt? Zu gerne möchte ich wissen, ob es überhaupt noch Großmütter wie meine eigene gibt, die ihren Enkeln die alten Handarbeiten lehren. Wollen die Kinder heute überhaupt noch lernen, was im Computerzeitalter schon fast verloren ging?

Viel Spaß und Freude wünsche ich bei den Häkeleien dieses Buches. Mir selbst kamen beim Häkeln dieser Modelle viele Erinnerungen an das vor so langer Zeit erlebte zurück. Ich hatte großen Spaß dabei, den ich Ihnen auch von Herzen beim Nacharbeiten wünsche.

Ihre

Brigitte Kirschning

Material

Garne
Baumwollgarn
Lurexgarn
Chenillegarn
Perlgarn
Stickgarn
Wolle

Satinbändchen
Lurexbändchen
Perlonfaden

Perlen
Kunststoffperlen
Holzperlen
Wachsperlen
Rocaillesperlen
Gold- und Silberperlen

Perlennadeln
Häkelnadeln
Nähnadeln
Nadeleinfädler

Blumenpailletten
Effektdrähte
Plastikringe
Broschennadeln
Taschenbügel

Kleine Häkelschule

Grundmaschen

Anfangsschlinge
Den Faden mit der Häkelnadel einmal um sich selbst schlingen und mit Hilfe des Häkchens den Faden durch die Schlinge ziehen, dabei entsteht eine Luftmasche.

Luftmasche
Mit der Häkelnadel den Faden einmal durch die Schlinge ziehen. Führt man mehrere Luftmaschen nacheinander aus, so entsteht eine Luftmaschenkette. Die meisten Häkelteile beginnen mit solch einer Luftmaschenkette. Beginnt eine neue Runde, wird die erste Masche durch Luftmaschen ersetzt; die Anzahl richtet sich nach der Höhe der ersten Häkelmasche, bei rechten Maschen sind das z. B. zwei Luftmaschen, bei Stäbchen drei usw. In der Häkelschrift sind diese Luftmaschen auch eingezeichnet.

Kettmasche
Für die Kettmasche sticht man die Häkelnadel in eine Masche der Anschlagskette oder der Vorreihe ein, fasst den Faden und zieht ihn gleichzeitig durch beide auf der Nadel liegenden Schlingen durch.

Feste Masche
Zur Herstellung der festen Masche sticht man die Nadel in eine Masche der unteren Reihe, erfasst dabei beide Maschenglieder, zieht den Faden als Schlinge durch, legt diesen nochmals um die Nadel und zieht ihn nun durch beide auf der Nadel liegenden Schlingen.

Stäbchen
Für das Stäbchen, auch häufig »einfaches Stäbchen« genannt, legt man den Faden um die Nadel, sticht diese in eine Masche der unteren Reihe ein, holt den Faden als Schlinge durch. Nun legt man den Faden nochmals um die Nadel, mascht die beiden ersten Schlingen zusammen ab und mit einem weiteren Umschlag die beiden letzten Schlingen.

Doppelstäbchen
Beim Doppelstäbchen wird der Faden zweimal um die Nadel

geschlungen, diese in eine Masche der unteren Reihe eingestochen und der Faden als Schlinge hindurchgeholt, dann werden dreimal je zwei Schlingen zusammen abgemascht.

Dreifach- sowie höhere Stäbchen
Diese werden in gleicher Weise wie Doppelstäbchen ausgeführt. Beim dreifachen Stäbchen wird der Faden dreimal, beim vierfachen viermal um die Nadel gelegt.
Nach dem Einstechen und Durchziehen mascht man stets zwei Schlingen zusammen ab.

Häkelschriftzeichen

- • = Luftmasche
- ⌒ = Kettmasche
- ⬮ = feste Masche
- | = halbes Stäbchen
- ǂ = Stäbchen
- ǂǂ = Doppelstäbchen
- ǂǂǂ = Dreifachstäbchen
- O = 1 Pikot (3 Lm + 1 f.M. oder 1 Stb. in die erste Lm häkeln)
- Λ = 2 zusammen abgemaschte Stb.
- V = 2 Stb. in eine Einstichstelle, dazwischen 2 Lm

Abkürzungen

M	= Masche
Lm	= Luftmasche
Km	= Kettmasche
fM	= feste Masche
hStb	= halbes Stäbchen
Stb	= Stäbchen
DStb	= Doppelstäbchen
MS	= Mustersatz

Häkelschrift

Jede Maschenart wird mit einem der oben erklärten Symbole gezeichnet. Der Anfang einer neuen Reihe oder Runde ist in der Häkelschrift mit einer Zahl gekennzeichnet. Die Runden werden von rechts nach links gelesen. Meist gibt ein Pfeil in der Häkelschrift die Häkelrichtung an. Häufig wiederholt sich eine bestimmte Maschengruppierung. Solch ein Abschnitt wird Mustersatz genannt und ist, wenn nötig, durch Pfeile markiert.

Sind Symbole unten zu einer Spitze gezeichnet, werden die entsprechenden Maschen alle in die gleiche Einstichstelle gearbeitet. Sind Symbole oben zu einer Spitze gezeichnet, werden die entsprechenden Maschen zusammen abgemascht. Das bedeutet: Jede Masche bis auf die letzte Schlinge abhäkeln und mit einem weiteren Umschlag alle auf der Häkelnadel befindlichen Schlingen zusammen abmaschen.

Für Maschen, die über Luftmaschen oder Luftmaschenbogen gezeichnet sind, sticht man nicht in die Luftmaschen ein, sondern häkelt um die Luftmaschenkette.

Perlenhäkeln

Schon vor Jahrhunderten waren Perlenbeutel, ob gestickt, gehäkelt, gestrickt oder gewebt, sehr beliebt. Man häkelte z.B. Perlenpompadours, Perlenbörsen oder Perlentäschchen aus Kordonettseide. Viele der Modelle in diesem Buch sind von solchen Entwürfen, wie man sie in alten Handarbeitsbüchern oder auch in Museen sieht, angeregt und für heutige Materialien umgewandelt.

Man kann Perlen ganz dicht, versetzt oder auch als Schlaufen einhäkeln. In allen Fällen muss man die Perlen vorher auf den Häkelfaden auffädeln. Zum Aufziehen der Perlen fädeln Sie den Häkelfaden in eine passende Nadel ein und stechen Sie Perle für Perle auf. Dann häkelt man im gewünschten Muster; dabei erscheinen die Perlen jeweils auf der Rückseite der Häkelarbeit.

Stechen Sie die Häkelnadel in die Masche ein, schieben Sie die Perle fest an die Nadel heran und beenden Sie die Masche in gewohnter Weise. Sollen die Perlen dicht an dicht sitzen, wird dieser Vorgang bei jeder Masche wiederholt, sonst häkelt man einige Maschen dazwischen, bevor man die nächste Perle einarbeitet. So können auch versetzte Muster entstehen, wenn Lücken und Perlen sich unterschiedlich abwechseln. Sie können Perlen in jede Masche einhäkeln, egal, ob feste Masche, Stäbchen etc.

Bei hin- und hergehenden Reihen wird jede zweite Reihe ohne Perlen gehäkelt. Da die Perlen stets auf der Rückseite erscheinen, ist dies nicht anders möglich. Beim Rundenhäkeln ist es anders, hier kann jede Masche in jeder Runde eine Perle tragen. Bei den einzelnen Modellen ist dies jeweils angegeben.

Perlenschlaufen sind sowohl für das Reihen- als auch für das Rundenhäkeln geeignet. Die Perlenschlaufe wird jeweils zwischen zwei Maschen gebildet, d. h. Sie häkeln die Masche, zählen so viele von den aufgefädelten Perlen ab, wie Sie brauchen, schieben Sie fest an die Masche heran und häkeln die nächste Masche. Eventuell können Sie die Perlen auch vorher noch mit einer Luftmasche fixieren. Die Perlenschlaufen hängen ebenfalls auf der Rückseite der Häkelarbeit.

Allgemeine Tipps zum Perlenhäkeln

- Jede Perle (Rocaillesperlen, Holzperlen, Kunststoffperlen etc.) kann verwendet werden, ob in Gruppen, in versetztem Rapport oder als Schlaufen.
- Nach dem Auffädeln werden alle Perlen weit weg zum Garnknäuel geschoben, damit sie beim Häkeln nicht stören.
- Möchte man Muster einhäkeln, muss man die Perlen in umgekehrter Reihenfolge des Musters auffädeln, d.h. man beginnt beim Auffädeln mit der Reihe, die man zuletzt häkelt. Die erste Häkelreihe ist also die letzte aufgefädelte Perlenreihe, und die zuletzt aufgefädelte Perle ist diejenige, die man als erstes verarbeitet.
- Fädeln Sie stets reichlich Perlen auf, denn wenn mitten im Häkeln plötzlich die Perlen ausgehen, müssen Sie erst den Faden abschneiden und neue Perlen auffädeln.
- Die Nadel zum Auffädeln der Perlen muss ein Öhr aufweisen, durch das der Häkelfaden passt, aber es darf nicht so groß sein, dass die Perlen nicht mehr durchstochen werden können. Machen sie also vorher unbedingt eine Probe! Ein Nadeleinfädler ist sehr hilfreich.

Irische Häkelei

Die Irische Häkelspitze (oder Häkelgipüre) zählt neben der Näh- und Klöppelspitze zu den echten Spitzen. Die Herstellung des Musters erfolgt in einzelnen Teilen, d. h. die Blüten und Blätter werden extra gehäkelt und auf den gehäkelten Grund aufgenäht.

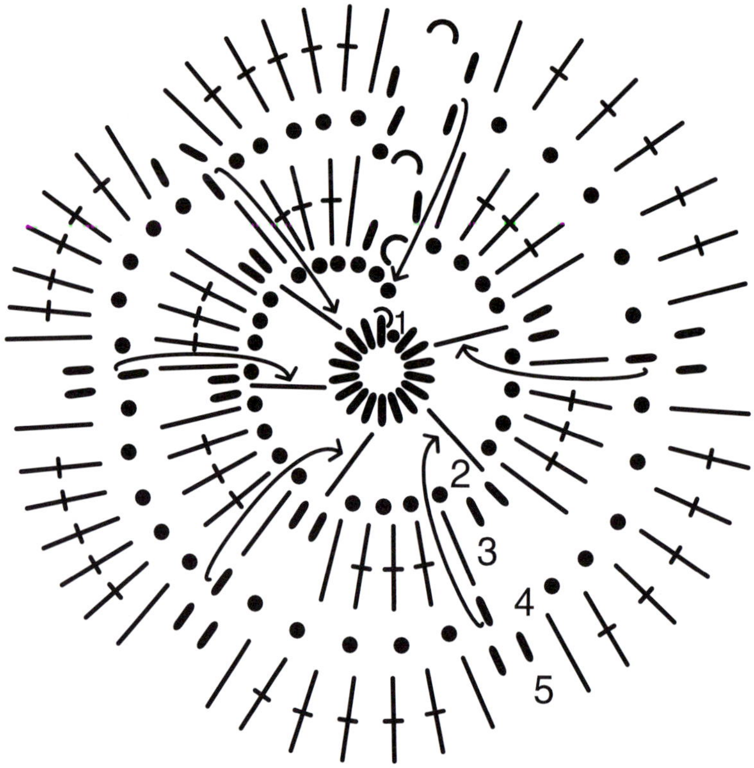

Irische Rose oder Rosette

Wickeln Sie den Faden dreimal um einen Finger, streifen Sie die Schlingen ab und verbinden Sie sie mit 1 Km. Oder Sie beginnen wie gewohnt mit einer Lm-Kette.

1. Runde: 1 Lm, 17 fM in den Ring häkeln.

2. Runde: 6 Lm häkeln, 2 fM der Vorrunde übergehen, 1 hStb in die nächste fM, * 4 Lm, 2 fM übergehen, 1 hStb in die nächste fM, ab * noch 3 x wiederholen, 4 Lm, 1 Km in die zweite der ersten 6 Lm (= 6 Bogen).

3. Runde: In jeden Lm-Bogen der Vorrunde wie folgt häkeln: 1 fM, 1 hStb, 3 Stb, 1 hStb, 1 fM. Mit Km enden.

4. Runde: 6 Lm, Faden nach hinten führen, in jedes hStb der 2. Runde 1 fM und 5 Lm häkeln. 5 x wiederholen und mit 1 fM in das erste hStb enden.

5. Runde: In jeden Lm-Bogen der Vorrunde wie folgt häkeln: 1 fM, 1 hStb, 5 Stb, 1 hStb, 1 fM. Mit Km enden.

Beim Häkeln dieser Rosette hat man viele Variationsmöglichkeiten, z.B. können Sie die 2. Runde mit Stäbchen häkeln, Sie können nur drei oder auch sieben Blättchenrunden arbeiten oder Sie können statt der sechs Blättchen pro Runde acht Blättchen häkeln.

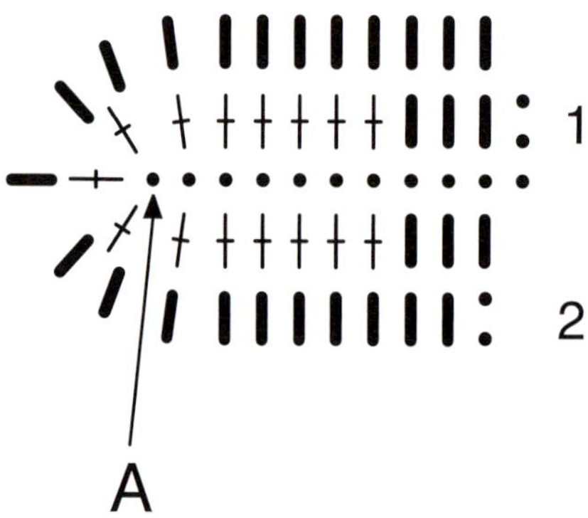

Die Rosette lässt sich auch sehr vielseitig einsetzen, als Anstecknadel (z.B. aus Lurexgarn mit Strass und Perlen), als Applikation (z.B. auf Seifenbeuteln oder Handtaschen), auf Weihnachtskugeln oder auf Plastikringen.

Blatt zur Rosette

13 Lm anschlagen.
Auf den Lm zurückgehend ab der vierten Lm nach der Nadel 3 fM, 6 Stb, 3 Stb in die letzte Lm, auf der anderen Seite der Lm-Kette zurück nochmals 6 Stb und 3 fM häkeln.
Auf jede M der Vorrunde 1 fM häkeln.

Taschen und kleine Accessoires

Pompadour

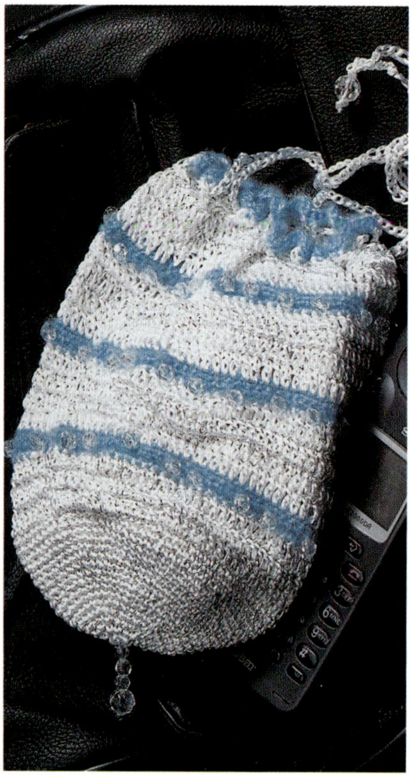

Material

- Filethäkelgarn, weiß
- Metallicgarn von Madeira, silber (Fb 342)
- Angora-Wolle, hellblau
- transparente Kunststoffperlen, Ø 6 mm und 10 mm
- Häkelnadel Nr. 1.75–2.0

Ausführung

Man häkelt mit dem weißen Garn und verwendet das Metallicgarn als Beilauffaden.

4 Lm mit 1 Km zum Ring schließen.
In Schneckenrunden fM häkeln, dabei kontinuierlich zunehmen, sodass ein Kreis mit einem Durchmesser von 9 cm entsteht.

Dann 3 Runden Stb häkeln, nicht mehr zunehmen. Runde stets mit 1 Km schließen und statt dem ersten Stb 2 Lm häkeln. Faden abschneiden.

Auf das Angora-Garn 20 kleine Perlen (pro hellblauem Streifen) auffädeln, Faden neu anschlingen. 1 Runde fM häkeln.

Nun wendet man die Arbeit, d.h. man häkelt im »Inneren« des Beutels, da die Perle ja immer hinter der Häkelreihe liegt.

Häkeln Sie 2 fM, dann stechen Sie in die zwei Maschenglieder der nächsten fM ein und holen den Faden durch. Schieben Sie eine Perle nah heran und maschen mit einem neuen Faden die beiden auf der Nadel liegenden Schlaufen ab, d.h. Sie beenden regulär die fM. Fahren Sie in diesem Muster bis zum Ende der Runde fort. Mit 1 Km schließen und wieder wenden.

Noch 1 Runde fM in Hellblau häkeln, Faden abschneiden.

4 Runden Stb in Weiß und Silber häkeln.

Es folgen wieder 3 Runden in Hellblau mit 20 aufgefädelten, kleinen Perlen: 1 Runde fM,
1 Runde fM und Perlen in entgegengesetzter Häkelrichtung,
1 Runde fM.

4 Runden Stb in Weiß und Silber häkeln.

3 Runden fM mit 20 Perlen in Hellblau.

4 Runden Stb in Weiß und Silber.

Für den Fadenzug:
1. Runde (in Weiß): 1 Stb / 4 Lm im Wechsel, dabei stets 2 Stb der Vorrunde überspringen.

2. Runde (in Hellblau): Auf jeden Lm-Bogen 3 fM häkeln.

Zwei Bändchen aus Lm in Weiß häkeln und wie auf Seite 14 beschrieben einziehen. Größere Perlen am Bändchen und unten am Beutel anbringen.

Tipp

Pompadours erhielten ihren Namen nach Madame Pompadour, der Geliebten des französischen Königs Ludwig XV. Es handelt sich dabei um kleine Damentaschen, die hängend am Arm getragen werden. Diese kleinen Beutel haben genau die richtige Größe als Abendtäschchen oder Handy-Tasche.

Kleiner Perlenbeutel

Material

- Lurexgarn »Jabara« von Madeira, weiß (Fb 700)
- Rocaillesperlen mit Silbereinzug, Ø 2,6 mm, blau und rot
- Restperlen für Perlfransen und Zugschnüre
- Häkelnadel Nr. 2.0

Ausführung

Bei diesem Perlenbeutel arbeiten Sie Perlenschlaufen bzw. Perlenösen ohne gehäkelte Zwischenrunden (siehe auch Seite 9). Für jede Öse brauchen Sie 10 Perlen, die vor Beginn jeder Runde aufgefädelt werden müssen. Sie bilden die Ösen, indem Sie in die Perlöse bzw. Masche der darunter liegenden Runde 1 fM häkeln, die erforderliche Anzahl Perlen an die Nadel schieben und die Öse mit einer Lm schließen. In die folgende Öse wird wieder 1 fM gearbeitet und der Vorgang bis zum Ende der Runde wiederholt. Beim Zunehmen setzen Sie zwei Ösen in eine Öse der Vorrunde. Nach Vollendung jeder Runde schneiden Sie den Faden ab, vernähen ihn und fädeln die Perlen für die nächste Runde auf, bevor Sie den Faden neu anknüpfen.

4 Lm mit Km zum Ring schließen.

1. Runde: 14 fM in diesen Ring häkeln. Faden abschneiden.

70 blaue Perlen auffädeln und auf jede 2. fM eine Perlöse häkeln.

2. Runde: 120 rote Perlen auffädeln und 12 Perlösen arbeiten.

3. Runde: 150 blaue Perlen auffädeln und 15 Perlösen arbeiten.

4. Runde: 200 rote Perlen auffädeln und 20 Perlösen arbeiten.

5. Runde: 260 blaue Perlen auffädeln und 26 Perlösen arbeiten.

6. Runde: 260 rote Perlen auffädeln und 26 Perlösen arbeiten.

7. Runde: Stb in jede M der Vorrunde häkeln.

8. Runde: Auf jedes dritte Stb 3 Lm und 1 Stb im Wechsel häkeln.

9. Runde: Auf jedes Stb der Vorrunde 1 fM und 1 Pikot (3 Lm und 1 fM auf die erste Lm) häkeln.

2 Lm-Ketten aus 100 Lm häkeln und im Gegenzug jeweils über und unter den Stb der 8. Runde des Beutels einweben (siehe Zeichnung unten). An gegenüberliegenden Seiten verknoten und mit aufgefädelten Restperlen schmücken.

An der unteren Beutelspitze können Sie ebenfalls einige Schmuckperlen annähen.

Tipp

Diese kleinen Beutel können als Anhänger am Gürtel getragen werden, für Glücksbringer oder als »Groschenmini« für Kleingeld.

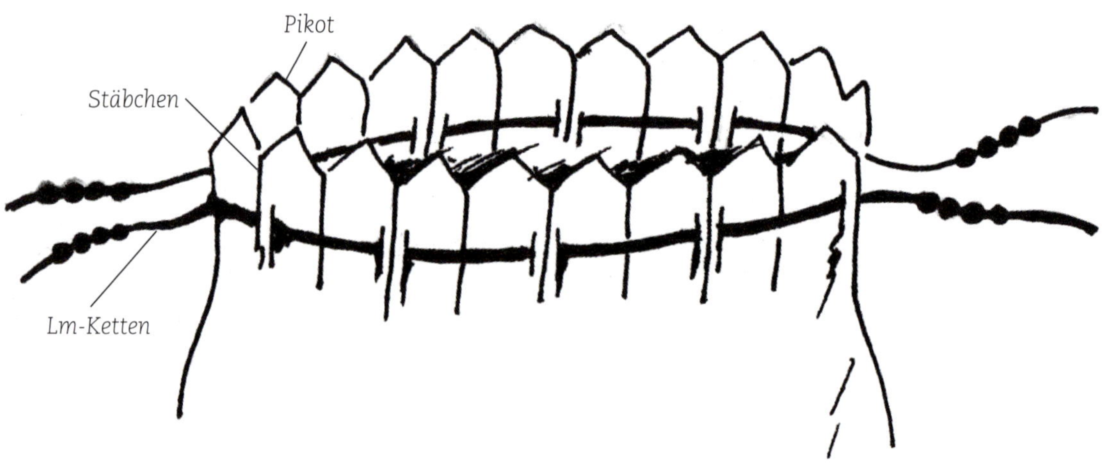

Dreifarbige Perlenbörse

Material

- Taschenbügel, 7 cm breit, silber (Bestellnr. 58036)
- Baumwollgarn »Manuela« von Stahl, Stärke 15 oder 20, weiß (Fb 001)
- Nähgarn, farblich passend
- Rocailleperlen mit Silbereinzug, Ø 2,6 mm, grün, rot und silber
- Häkelnadel Nr. 2.0
- Perlonfaden, Ø 0,15 mm

Ausführung

Am Beginn fädelt man ca. 550 Perlen in folgendem Farbrhythmus auf: 5 rot, 5 grün, 5 silbern. Man häkelt in Schneckenrunden (siehe Detailfoto auf Seite 16), auf der »Innenseite« der Tasche.

6 Lm mit Km zum Ring schließen.

1. Runde: In den Lm-Ring 10 hStb mit jeweils 1 Perle häkeln.

2. Runde: Jede M der Vorrunde wird verdoppelt: 20 hStb mit je 1 Perle häkeln.

3. Runde: Jede zweite M der Vorrunde verdoppeln: 30 hStb mit je 1 Perle häkeln.

4. Runde: Jede dritte M der Vorrunde verdoppeln: 40 hStb mit je 1 Perle häkeln.

5. Runde: Jede vierte M der Vorrunde verdoppeln: 50 hStb mit je 1 Perle häkeln.

6. Runde: ohne Zunahmen: Auf jede M der Vorrunde 1 hStb mit je 1 Perle häkeln.

Man häkelt nun weiter und nimmt dabei kontinuierlich, aber langsam, Runde für Runde zu. Der Häkelkreis darf sich nicht wellen, aber auch nicht wölben. So häkeln Sie 12 bis 13 Runden. Probieren Sie die Häkelarbeit auch zwischendurch immer wieder am Taschenbügel an.

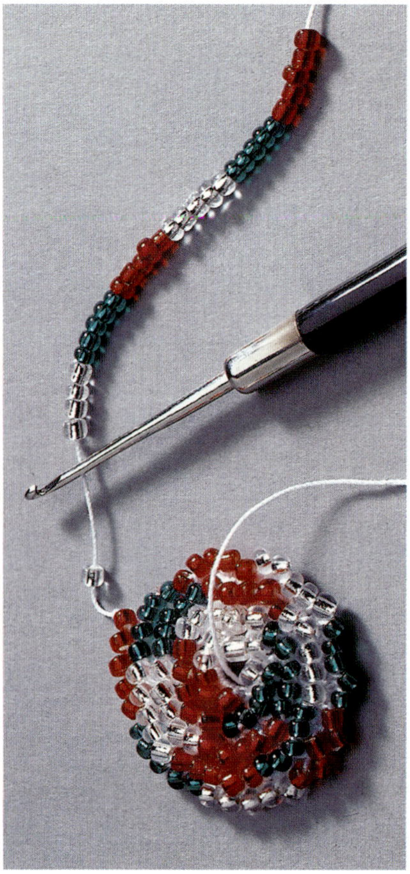

Letzte Runde: hStb ohne Perlen häkeln. Mit Km Runde schließen.

Zweites Taschenteil genauso häkeln. Beide Teile müssen mit derselben Maschenzahl enden. Beide Teile mit passendem Nähgarn in den Taschenbügel einnähen. Die Börse mit fM am Rand zusammenhäkeln.

Perlenschlingen

Befestigen Sie einen Perlonfaden unter dem Taschenbügel in der fM-Umrandung. Fädeln Sie 12 Perlen (4 grün, 4 silbern, 4 rot) auf und stechen von hinten nach vorn durch die sechste fM. Nun stechen Sie durch die fünfte fM von vorn nach hinten, fädeln wieder 12 Perlen auf und stechen durch die nächste sechste fM wieder nach vorne. Wiederholen Sie diesen Vorgang bis zum gegenüberliegenden Bügelende.

Umhängeband

Wenn Sie Ihre Tasche mit einem Bändchen versehen wollen, fädeln Sie ca. 35 bis 40 Perlen auf. Häkeln Sie 100 Lm, wobei Sie in jede dritte Lm eine Perle einarbeiten. Befestigen Sie das Lm-Band am Taschenbügel.

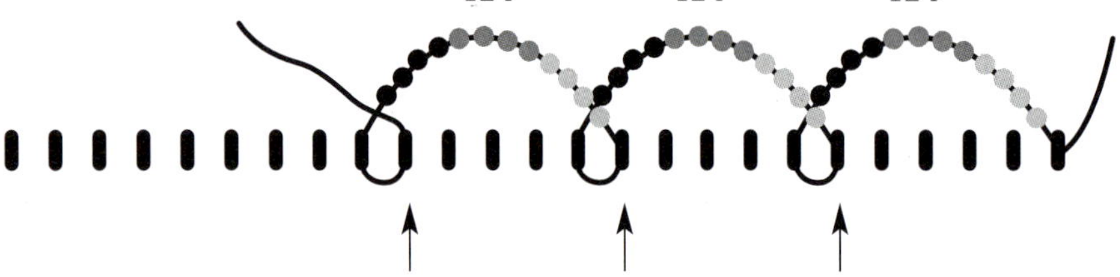

Allgemeine Tipps für Perlenbörsen

- *Die Perle wird stets vor dem Umschlag für das hStb fest an die Häkelarbeit herangeschoben, sonst besteht die Gefahr des Durchhängens.*
- *Am besten ist es, die aufgefädelten Perlen und die Häkelgarnrolle vor sich auf den Tisch zu legen; so haben Sie nicht so viel Gewicht auf den Händen. Holen Sie jeweils nur eine Perle vor dem Maschenanschlag zur Nadel.*

Kunterbunte Perlenbörse

Material

- Taschenbügel, 5 cm breit, gold (Bestellnr. 58028)
- Baumwollgarn »Manuela« von Stahl, Stärke 15, weiß (Fb 001)
- Nähgarn, farblich passend
- Rocaillesperlen mit Silbereinzug, Ø 2,6 mm, bunt
- Häkelnadel Nr. 2.0
- Perlonfaden, Ø 0,15 mm

Ausführung

Diese Börse wird wie die dreifarbige Börse auf Seite 14 gehäkelt, ist aber etwas kleiner. Am Beginn fädelt man ca. 280 bis 300 Perlen auf.

5 Lm mit Km zum Ring schließen.

1. Runde: In den Lm-Ring 6 hStb mit je 1 Perle häkeln. In Runden weiterhäkeln.

2. Runde: Jede M der Vorrunde wird verdoppelt: 12 hStb mit je 1 Perle häkeln.

3. Runde: Jede zweite M der Vorrunde verdoppeln: 18 hStb mit je 1 Perle häkeln.

4. Runde: Jede dritte M der Vorrunde verdoppeln: 24 hStb mit je 1 Perle häkeln.

5. Runde: ohne Zunahmen: Auf jede M der Vorrunde 1 hStb mit je 1 Perle häkeln.

6. bis 8. Runde: weiterhin langsam zunehmen.

9. Runde: hStb ohne Perlen häkeln. Mit Km Runde schließen.

Zweites Taschenteil genauso häkeln. Beide Teile müssen mit derselben Maschenzahl enden. In meinem Fall waren es nach acht Runden 60 bis 65 hStb. Probieren Sie die Häkelarbeit auch zwischendurch immer wieder am Taschenbügel an.

Beide Teile mit passendem Nähgarn in den Taschenbügel einnähen. Die Börse mit fM am Rand zusammenhäkeln.

Perlenschlingen

Die Schlingen arbeiten Sie wie auf Seite 16 beschrieben, allerdings nur mit 10 Perlen pro Schlinge.

Variante

Die blaue Börse auf dem Umschlag des Buches wird genauso wie die »Kunterbunte Börse« gearbeitet aus folgendem Material:

- Taschenbügel, 5 cm breit, silber (Bestellnr. 58028)
- Baumwollgarn »Manuela« von Stahl, Stärke 15, azur (Fb 008)
- Rocaillesperlen mit Silbereinzug, Ø 2,6 mm, hellblau

Tasche mit Pailletten und Perlen

Material

- Taschenbügel, 7 cm breit, gold (Bestellnr. 58036)
- Lurexgarn »Nora« von Madeira, lila (Fb 312)
- Metallicgarn von Madeira, lila (Fb 312)
- Perlen, gold, Ø 3 mm und 6 mm
- Blumenpailletten, gold
- Häkelnadel Nr. 2.5
- Perlonfaden, Ø 0,15 mm

Ausführung

6 Lm mit Km zum Ring schließen.

1. Runde: In den Lm-Ring 6 x 3 Stb / 2 Lm im Wechsel häkeln. Mit Km die Runde schließen.
2. Runde: 6 x 5 Stb / 2 Lm im Wechsel häkeln. (In den Lm-Bögen vor und hinter der Stb-Gruppe je 1 Stb zunehmen.)
3. Runde: 6 x 7 Stb / 3 Lm im Wechsel häkeln. Mit Km Runde schließen.
4. Runde: 6 x 9 Stb / 3 Lm im Wechsel häkeln. Mit Km Runde schließen.
5. Runde: 6 x 11 Stb / 3 Lm im Wechsel häkeln. Mit Km Runde schließen.

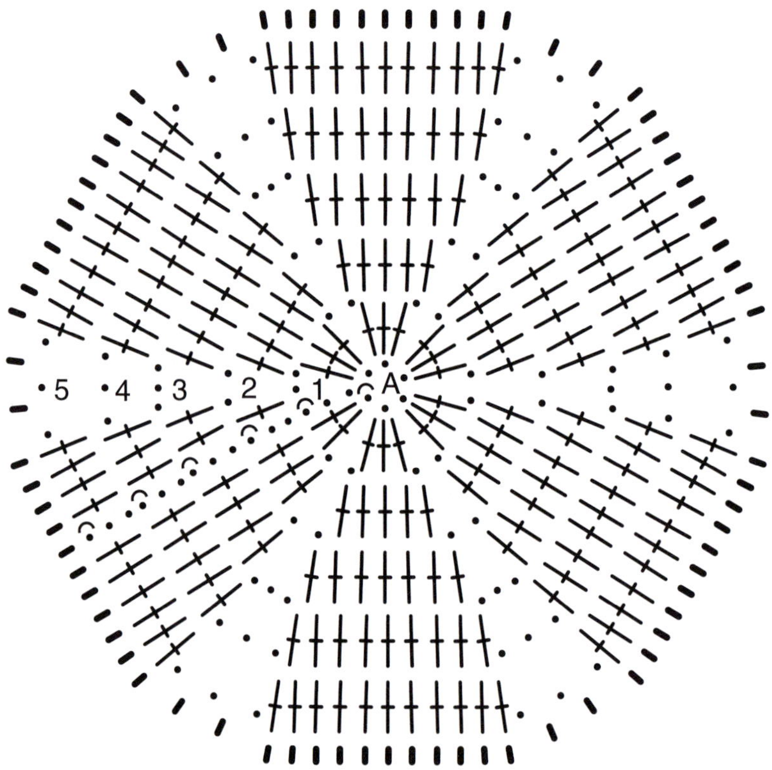

Man häkelt dann noch 1 Runde fM, dabei auf die 3 Lm je 2 fM.

Zweites Taschenteil genauso häkeln.

Auf jedes Taschenteil 6 Blumenpailletten mit jeweils 1 kleinen Perle mit Perlonfaden aufnähen (in die Mitte jedes Stb.-Blocks). In die Mitte des Sechsecks kommt jeweils noch 1 größere Perle.

Taschenteile mit Metallicgarn an die Bügel nähen und beide Teile mit Häkelgarn mit fM zusammenhäkeln.

Goldperlenschlingen
Perlonfaden am Bügelende befestigen. 8 kleine Goldperlen auffädeln und von hinten nach vorne durch die sechste fM stechen, festziehen. Durch die fünfte fM nach hinten stechen, wieder 8 Perlen auffädeln und durch die nächste sechste fM wieder nach vorn stechen (siehe Skizze zu »Dreifarbige Börse«, Seite 16). Fortfahren bis zum gegenüberliegenden Bügelende.

Umhängeband
Häkeln Sie eine beliebig lange Lm-Kette und befestigen Sie sie am Taschenbügel.

Grüne Chenille-Tasche

Material

- Taschenbügel, 7 cm breit, silber (Bestellnr. 58036)
- Chenillegarn »Karibik«, seegrün
- Nähgarn, farblich passend
- Häkelnadel Nr. 4.0 oder größer

Ausführung

8 Lm mit Km zum Ring schließen.

Zunächst wird in Runden gehäkelt, jede Runde mit 1 Km geschlossen.

1. Runde: In den Lm-Ring 10 Stb häkeln.

2. Runde: Stb-Zahl verdoppeln: Auf jedes Stb der Vorrunde 2 Stb häkeln (= 20 Stb).

3. Runde: Jede zweite M der Vorrunde verdoppeln: 30 Stb häkeln.

4. Runde: Jede dritte M der Vorrunde verdoppeln: 40 Stb häkeln.

5. Runde: Jede vierte M der Vorrunde verdoppeln: 50 Stb. häkeln.

Der Durchmesser sollte jetzt ca. 14 cm betragen.

Nun wird in hin- und hergehenden Reihen weitergehäkelt.

10 fM am oberen Rand des runden Taschenteils häkeln (= Breite von ca. 7 cm).

In den nächsten 3 bis 4 Reihen jeweils beidseitig 2 fM abnehmen (8 fM, 6 fM etc.).

Passen Sie das Taschenteil auch zwischendurch immer wieder am Bügel an!

Zweites Taschenteil genauso häkeln. Beide Teile mit passendem Nähgarn am Bügel festnähen und mit fM rundum zusammenhäkeln.

Tipp

Diese Tasche passt ebenso wie der Pompadour auf Seite 12 in der Größe optimal für Handys oder auch für Schminkutensilien.

MENU
GSM
AB
CD
EF
GH
IJ
KL
N2

Viktorianische Taschen

Material

- Taschenbügel, 10 cm breit, gold und silber (Bestellnr. 58106)
- Lurexgarne »Nora« von Madeira, gold (Fb 324), grün (Fb 358) und blau (Fb 338)
- Metallicgarn von Madeira, farblich passend
- Häkelnadel Nr. 3.0

Ausführung

5 Lm mit Km zum Ring schließen.

1. Runde: In den Lm-Ring 6 x 3 Stb / 3 Lm im Wechsel häkeln. Mit Km zur Runde schließen.

2. Runde: 6 x 5 Stb / 3 Lm im Wechsel häkeln. Mit Km schließen.

Bei allen weiteren Runden des Sechsecks werden immer vor und hinter den Lm-Bogen je 1 Stb mehr gearbeitet (siehe Häkelschrift für »Tasche mit Pailletten und Perlen«, Seite 18). Man häkelt auf diese Art 5 bis 6 Runden. Probieren Sie die Häkelarbeit immer wieder am Bügel an.

Das zweite Taschenteil genauso anfertigen.

Zwei Rosetten aus goldenem Garn wie folgt anfertigen (siehe auch Anleitung, Seite 10):

5 Lm mit Km zum Ring schließen.

1. Runde: In den Lm-Ring 18 Stb häkeln.

2. Runde: Auf jedes dritte Stb je 1 fM häkeln, dazwischen je 3 Lm (= 6 Bogen).

3. Runde: In jeden Lm-Bogen 1 fM, 1 hStb, 4 Stb, 1 hStb, 1 fM häkeln.

Rosette in die Mitte jedes Taschenteils mit Metallicgarn aufnähen.

Mit Metallicgarn beide Taschenteile in den Bügel einnähen (ca. $3\frac{1}{2}$ Seiten des Sechsecks).

Randgestaltung
Häkelteile mit Häkelgarn am Rand wie folgt zusammenhäkeln:

1. Reihe: fM häkeln. Dabei stets in die Ränder der beiden Taschenteile einstechen.

2. Reihe: 1 fM im Wechsel mit 3 Lm häkeln, dabei stets 2 M der Vorreihe überspringen.

3. Reihe: In die Lm-Bögen jeweils 1 fM, 1hStb, 3 Stb, 1 hStb, 1 fM häkeln.

In der 3. Reihe können Sie die Farbe des Häkelgarns nach Wunsch wechseln.

Umhängeband
Häkeln Sie eine beliebig lange Lm-Kette (Lurexgarn dafür vier- bis fünffädig nehmen) und befestigen Sie sie am Taschenbügel.

Variante

Die blaue Tasche arbeiten Sie genauso, nur die Randgestaltung ändert sich:

1. Reihe: fM häkeln. Dabei stets in die Ränder der beiden Taschenteile einstechen.

2. Reihe: In jede dritte fM der Vorreihe 7 Stb häkeln.

3. Reihe: In den Zwischenraum der Stb-Gruppen und auf das vierte Stb jeder Gruppe jeweils 1 fM und 1 Pikot (3 Lm, 1 Stb auf die erste Lm) häkeln.

Scherenbügel-Beutel

Material

- Scherenbügel I, silber (Bestellnr. 67102)
- Scherenbügel II, silber (Bestellnr. 67103)
- Lurexgarne »Jabara« von Madeira, silbern (Fb 742) und schwarz (Fb 760)
- Nähgarn, farblich passend
- Silberperlen, Ø 4 mm
- Rocaillesperlen, transparent und schwarz, Ø 2,6 mm
- Walzenperlen, schwarz
- Kristallglasmotive zum Aufsticken
- Häkelnadel Nr. 2.5
- Perlonfaden, Ø 0,15 mm

Ausführung

Die Lurexgarne werden doppelfädig verhäkelt, für den großen Beutel zwei Fäden silbernes Garn, für den kleinen ein Faden silbern, ein Faden schwarz.

Man häkelt Stb in hin- und hergehenden Reihen über die doppelte Taschenbreite, d.h also die Taschen haben nur eine Seitennaht.

Für den kleinen Beutel benötigen Sie eine Breite von 6 cm, arbeiten also ein 12 cm breites Häkelrechteck. Die Höhe beträgt 5 cm, was etwa 9 bis 10 Stb-Reihen entspricht.

Der große Beutel ist 11 cm breit, Sie häkeln also über 22 cm. Die Höhe von 8,5 cm ergibt sich aus 11 Reihen Stb.

Beide Beutel werden dann an der offenen Seite und am Boden zusammengenäht.

Zum Einnähen öffnen Sie das Scherengitter und heften die Beutel mit einem Hilfsfaden am Gitter an. Dann werden sie wie folgt genäht:

Perlonfaden am Beutelrand befestigen. Eine Perle auffädeln, durch das erste Randloch am Scherengitter stechen, wieder eine Perle auffädeln und durch den Beutelrand zurückstechen. Rundum genauso fortfahren.

Der Rand des großen Beutels wird vor dem Einnähen noch mit einer Runde fM behäkelt.

Für den kleinen Beutel verwenden Sie transparente Rocaillesperlen, für den großen die Silberperlen von 4 mm Ø.

Der große Beutel kann mit Kristallglasmotiven bestickt werden, der kleine bekommt Perlfransen aus silbernen, schwarzen und Walzenperlen. Fädeln Sie dafür auf den Perlonfaden 7 Perlen in beliebiger Reihenfolge auf und stechen Sie durch die ersten 6 Perlen zurück in den Häkelrand.

Lurexmütze

Material

- Lurexgarne »Nora« von Madeira, gold (Fb 324) und silbern (Fb 342)
- Häkelnadel Nr. 3.0
- Kunststoffperlen in Tropfenform, 4 x 8 mm, silbern
- Silberperlen, Ø 3 mm oder 4 mm
- Perlonfaden, Ø 0,15 mm

Ausführung

6 Lm mit 1 Km zum Ring schließen.

16 Stb in den Lm-Ring häkeln.

(Jedes erste Stb wird durch 3 Lm ersetzt und jede Runde wird durch 1 Km geschlossen.)

1. bis 6. Runde nach Häkelschrift arbeiten.

7. bis 12. Runde: Im selben Muster weiterhäkeln, jedoch immer 5 Lm in den Zwischenräumen.

13. bis 16. Runde: Im selben Muster weiterhäkeln, immer 6 Lm in den Zwischenräumen.

17. bis 19. Runde: Im selben Muster weiterhäkeln, immer 7 Lm in den Zwischenräumen. Je nach Kopfgröße Runde 19 noch fünf- bis sechsmal wiederholen. Zum Abschluss 4 bis 5 Runden fM häkeln, dabei den Rand der Kopfweite kontrollieren, bei Bedarf ab- oder zunehmen.

Silberne Mütze

Die Tropfen- und Silberperlen mit Perlonfaden in jede dritte fM des Mützenrandes festnähen. Die Silberperle ist »Wendeperle«, d.h. durch sie sticht man nur einmal, durch die Tropfenperle zweimal.

Goldene Mütze

Häkelrosette in Irischer Häkelei nach Anleitung auf Seite 10 arbeiten und mit Perlonfaden unsichtbar festnähen.

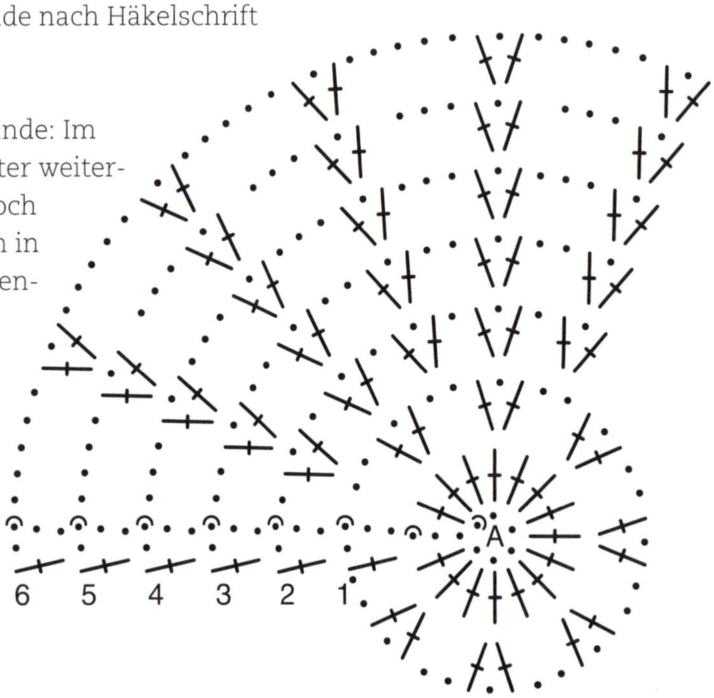

Bunter Seifenbeutel

Material

- Baumwollgarn, Stärke 10, ombriert
- Baumwollgarn »Manuela« von Stahl, Stärke 10, weiß (Fb 001)
- Häkelnadel Nr. 2.0
- Perlonfaden, Ø 0,15 mm

Ausführung

Dieser Beutel wird in hin- und hergehenden Reihen als Filetgrund gehäkelt.

44 Lm anschlagen und wenden.

1. Reihe: In die achte Lm von der Nadel einstechen, 1 Stb im Wechsel mit 2 Lm häkeln, dabei stets 2 Lm der Anschlagsreihe überspringen (= 13 Kästchen). Wenden.

2. bis 30. Reihe: Je 1 Stb im Wechsel mit 2 Lm über die ganze Reihe häkeln, jeweils mit 5 Lm wenden. Die Stb sitzen in jeder Reihe genau übereinander.

Häkelteil zur Hälfte legen und an drei Seiten mit fM in Weiß umhäkeln, dabei an den Seiten beide Hälften zusammenhäkeln.

Am oberen Rand wird der Beutel wie folgt in Runden gearbeitet:

1. Runde: Stb häkeln.

2. Runde: 1 Stb auf jedes dritte Stb der Vorrunde, dazwischen je 3 Lm.

3. Runde: Auf die Lm der Vorrunde jeweils 1 fM, 3 Stb, 1 fM häkeln.

Zwei Bändchen aus 80 Lm, drei Rosetten und zwei Blättchen in Irischer Häkeltechnik (siehe Seite 10) anfertigen. Die Bänder weben Sie im Gegenzug durch die 2. Runde des Beutelrandes (siehe Zeichnung zu »Kleiner Perlenbeutel«, Seite 14), die Rosetten und die Blätter nähen Sie mit Perlonfaden auf den Beutel und an die Enden der Lm-Bänder.

> **Tipp**
>
> *Dieser Beutel ist durch die einfache Filethäkeltechnik in der Größe natürlich sehr variabel.*

Sechseckiger Seifenbeutel

Material

- Baumwollgarn, Stärke 10, blau-weiß-ombriert
- Lurexgarn »Jabara« von Madeira, silber (Fb 742)
- Silberbändchen »Carat« von Madeira
- Häkelnadel Nr. 2.0
- Perlonfaden, Ø 0,15 mm

Ausführung

6 Lm mit Km zum Ring schließen.

1. Runde: In den Lm-Ring 6 x 3 Stb / 2 Lm im Wechsel häkeln. Mit Km die Runde schließen.

2. Runde: 6 x 5 Stb / 2 Lm im Wechsel häkeln. (In den Lm-Bögen vor und hinter der Stb-Gruppe je 1 Stb zunehmen.)

3. Runde: 6 x 7 Stb / 3 Lm im Wechsel häkeln. Mit Km Runde schließen.

4. Runde: 6 x 9 Stb / 3 Lm im Wechsel häkeln. Mit Km Runde schließen.

5. Runde: 6 x 11 Stb / 3 Lm im Wechsel häkeln. Mit Km Runde schließen.

6. Runde: 6 x 13 Stb / 3 Lm im Wechsel häkeln. Mit Km Runde schließen.

7. Runde: 6 x 15 Stb / 3 Lm im Wechsel häkeln. Mit Km Runde schließen.

(Häkelschrift für dieses Sechseck siehe bei »Tasche mit Pailletten und Perlen«, Seite 18)

8. Runde: 1 Stb in jedes dritte Stb der Vorrunde, dazwischen je 4 Lm.

9. Runde: Auf die 4 Lm der Vorrunde jeweils 1 fM, 1 hStb, 3 Stb, 1 hStb, 1 fM häkeln.

Zweites Beutelteil genauso häkeln.

Zwei silberne Rosetten in Irischer Häkeltechnik (siehe Seite 10) anfertigen und auf die Mitte jedes Teils applizieren.

Beide Taschenteile aufeinander- und die Seife dazwischenlegen. Silberbändchen am Rand durch beide Teile ziehen und an einer Seite zum Aufhänger verknoten.

Seifenherz

(Abb. Seite 29)

Material

- Baumwollgarn, Stärke 10, blau-weiß-ombriert
- Holzperlen, weiß, Ø 4 mm
- Häkelnadel Nr. 2.0

Ausführung

18 Holzperlen auffädeln. 17 Lm anschlagen.

1. Reihe: In die achte Lm von der Nadel einstechen, 1 Stb im Wechsel mit 2 Lm häkeln, dabei stets 2 Lm der Anschlagsreihe überspringen. Mit 5 Lm wenden.

2. bis 4. Reihe: 1 Stb in das zweite Stb der Vorreihe, 2 Lm, 1 Stb in das dritte Stb der Vorreihe, 2 Lm usw. Bis zum Ende der Reihe fortsetzen, letztes Stb sitzt auf der dritten Wende-Lm der Vorreihe.

5. Reihe: 1 Lm, 3 fM um das Stb an der Kante, 3 fM um die nächsten Lm, 5 Lm, 3 fM um das nächste Stb, 7 fM um die nächsten Lm, 3 fM um nächste Lm, 5 Lm, 3 fM um nächste Lm, 3 fM um nächste Lm. Wenden mit 1 Lm.

6. Reihe: Auf die 5 Lm der Vorreihe 10 DStb im Wechsel mit je 1 Lm häkeln, 1 fM in die mittlere der 7 fM, wieder 10 DStb im

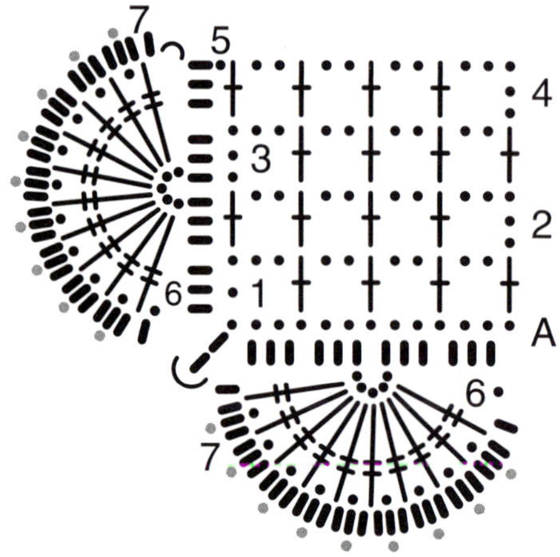

Wechsel mit je 1 Lm auf die 5 Lm. 1 Km am Rand.

7. Reihe: 1 Lm, um jede Lm zwischen den DStb der Vorreihe 1 fM, 1 fM und 1 Perle, 1 fM häkeln. Auf die Mitte des Herzens 1 fM, 1 Km, 1 fM arbeiten. Nun nochmals um jede Lm zwischen den DStb auf der anderen Seite 1 fM, 1 fM und 1 Perle, 1 fM häkeln. Auf einer Seite des Herzens werden so also 9 Perlen eingearbeitet.

Ein zweites Herz arbeiten Sie genauso. Die beiden Teile aufeinanderlegen und den unteren Teil (die »Spitze« des Herzens) zusammenhäkeln.

Variante

Das rote Herz auf dem Umschlag des Buches wird genauso gearbeitet aus folgendem Material:

- Baumwollgarn, Stärke 10, rot
- Holzperlen, blau, Ø 4 mm

Nach dem Einlegen der Seife können Sie ein buntes Bändchen als Aufhänger mit einer Schleife durch beide Herzen festbinden.

Kleiner Schnickschnack für Zuhause

Kleine Hüte als Kühlschrankmagnete

Material

- Baumwoll- oder Stickgarn in verschiedenen Farben
- Perlen, Bändchen und sonstige Schmuckelemente nach Wunsch
- Watte
- Häkelnadel Nr 1.75 oder 2.0
- Magnet-Quadrate (von Rayher)

Ausführung

4 Lm mit 1 Km zum Ring schließen. Man häkelt den Hutkopf in Schneckenrunden und nimmt dabei Runde für Runde zu.

1. Runde: 8 fM in den Lm-Ring häkeln.

2. Runde: 10 fM häkeln.

3. Runde: 20 fM häkeln.

4. Runde: 26 bis 28 fM häkeln.

In den nächsten 4 bis 5 Runden wird nicht mehr zugenommen.

Den Hutkopf nach außen stülpen. Ist die richtige Höhe des Hutkopfs erreicht, verdoppeln Sie die Maschenzahl in einer Reihe, d.h. Sie häkeln auf jede fM 2 fM.

Dann folgen je nach gewünschter Hutform noch 4 bis 5 Runden fM, wobei Sie nur leicht zunehmen.

Als Hutunterseite häkeln Sie einen Kreis aus fM im gleichen Durchmesser wie der obere Teil.

Stopfen Sie den Hutkopf mit Watte aus und schmücken ihn nach Wunsch. Zum Schluss häkeln Sie die beiden Teile am Rand mit fM zusammen.

Sie merken schon, liebe Leserin, es gibt bei diesen Hüten viele Möglichkeiten und Varianten, also ist größte Kreativität angesagt! Nutzen Sie Ihren Restekorb und entwerfen Sie Ihre eigenen »Hutmodelle«!

Bei den verschiedenen Formen habe ich mich an klassischen Hüten orientiert, dem Chiemgauer (flach mit breiter Borte), dem Florentiner (flach mit breitem Rand) oder dem Sombrero (hoch mit breitem Rand). Sie können die Hüte natürlich auch als Brosche (auf einer Ansteck-nadel), als Tischdekoration oder als Geschenkanhänger nutzen.

Hüte für Fingerhüte

Material

- Baumwollgarn »Manuela« von Stahl, Stärke 10, rot und blau
- weißes Satinbändchen mit Webkante
- Häkelnadel Nr. 2.0
- Fingerhut

Ausführung

Die Idee zu diesen behäkelten Fingerhüten stammt von einer Patchworkerin aus Halle/Westfalen.

Einen Fadenring bilden, 16 Stb hinein häkeln und Schlinge zusammenziehen.

1. Runde: fM häkeln, dabei auf jedes 2. Stb 2 fM (= 24 fM).

2. bis 8. Runde: In Spiralrunden fM häkeln.

9. Runde: 1 Stb / 2 Lm im Wechsel, dabei jeweils 1 fM überspringen.

10. Runde: Auf jedes Stb der Vorrunde 1 Pikot (= 3 Lm, 1 Stb auf die erste Lm) häkeln.

Satinbändchen durch die 9. Runde einziehen. 2 Bändchen aus jeweils 95 Lm häkeln und beidseitig anbringen. Fingerhut einsetzen.

Schüttelkarten

Material

- Schüttelkarten mit Faltkästchen
- verschiedene Bilder für die Rückwand (z.B. aus Reiseprospekten)
- Rosenbilder für das Poesiealbum
- Rocaillesperlen in verschiedenen Farben
- Pailletten
- goldene Schmuckaufkleber
- Baumwoll- oder Stickgarn in verschiedenen Farben
- Goldbändchen »Carat« von Madeira
- Häkelnadel Nr 1.75 oder 2.0

Ausführung

Die Rückwand der Faltkarten mit Bildern bekleben und kleine Perlen oder Pailletten einfüllen. Die Karte mit gehäkelten Dior-Röschen (Anleitung siehe Seite 44), einem Hut (Anleitung siehe Seite 32) oder einem gekauften Mini-Abendtäschchen verzieren. Die Karte wird mit einer aus Lm gehäkelten Schnur oder einem Carat-Bändchen mit aufgefädelten Perlen geschmückt. Die goldenen Schmuckecken sind aufgeklebt.

Tipp

Bei diesen Schüttelkarten, die es im Bastelhandel als Rohlinge zu kaufen gibt, können Sie Ihrer Phantasie freien Lauf lassen. Ob eine Einladung zum Theaterbesuch, eine Urlaubserinnerung oder einen herzlichen Glückwunsch – mit solch einer individuell gestalteten Karte werden Sie immer viel Lob und Freude ernten.

Weiße Schrankborte

Material

- Perlgarn von Madeira, Stärke 3, weiß
- Häkelnadel Nr. 3.0 oder 3.5
- Holzperlen, dunkelblau, Ø 4 mm

Ausführung

Perlen auffädeln. 17 Lm anschlagen.

1. Reihe: In die 5. Lm ab Nadel 3 Stb, 2 Lm, in die nächste Lm der Vorreihe wieder 3 Stb. 2 Lm, 2 Lm der Vorreihe überspringen, 4 Stb in die 4 nächsten Lm, 2 Lm, 2 Lm der Vorreihe überspringen, 3 Stb in die letzten 3 Lm.

2. Reihe: 4 Wende-Lm, 2 DStb, 2 Lm, 2 Lm der Vorreihe überspringen, 4 DStb auf die 4 Stb der Vorreihe, 2 Lm. 3 Stb, 2 Lm, 3 Stb auf die 2 Lm der Stb-Gruppe der Vorreihe.

3. Reihe: 6 Wende-Lm, 3 Stb, 2 Lm, 3 Stb auf die 2 Lm der Stb-Gruppe der Vorreihe. 2 Lm, 2 Lm der Vorreihe überspringen, 4 Stb, 2 Lm, 2 Lm der Vorreihe überspringen, 3 Stb.

4. Reihe: 4 Wende-Lm, 2 DStb, 2 Lm, 2 Lm der Vorreihe überspringen, 4 DStb, 2 Lm. 3 Stb, 2 Lm, 3 Stb auf die 2 Lm der Stb-Gruppe der Vorreihe, 2 Lm.

Nun auf den Lm-Bogen am Rand (= die 6 Wende-Lm der 3. Reihe) 7 x 1 Stb / 1 Lm häkeln und mit 1 Km an 1. Reihe anschlingen.

Nun zurückgehend auf dem Stb-Bogen in jede Lm 1 fM, 1 Lm, 1 Perle und 1 Lm, 1 Lm, 1 fM häkeln. Pro Bogen werden also 7 Perlen eingehäkelt.

5. Reihe: 3 Lm und mit Mustersatz Reihe 1 bis 4 fortfahren, bis die gewünschte Länge erreicht ist.

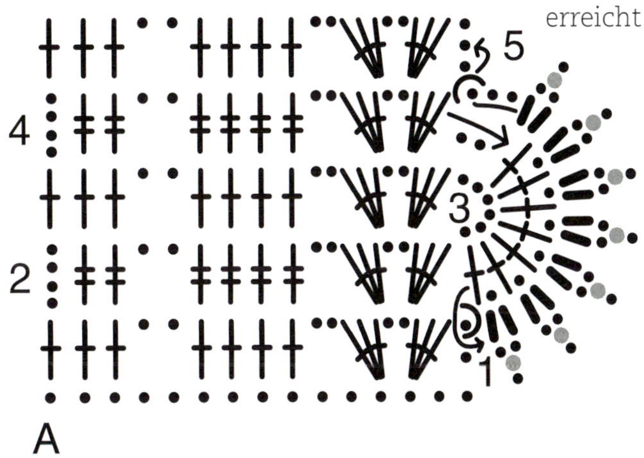

Verschiedene Schmuckspitzen

Material

- Goldfaden »Metallic« Nr. 3 von Madeira (Fb 3004)
①
- Wachsperlen, rot, Ø 6 mm
- Häkelnadel Nr. 2.5

- Metallicgarn Nr. 6 von Madeira, gold und silber
②
- Gold- und Silberperlen, Ø 4 mm
- Häkelnadel Nr. 1.75

- Metallicgarn von Madeira, gold (Fb 3004)
③
- Wachsperlen, rot, Ø 4 mm
- Häkelnadel Nr. 2.5

Ausführung

① Perlen auffädeln. 10 Lm anschlagen.

1. Reihe: 2 Lm, 2 Lm der Anschlagreihe überspringen, 4 Stb. In die letzte Lm 5 Stb, 1 Lm, 1 Perle und 1 Lm, 1 Lm häkeln. Wenden.

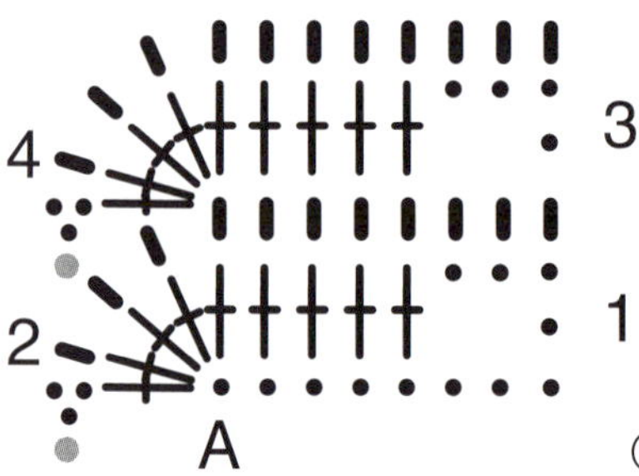

①

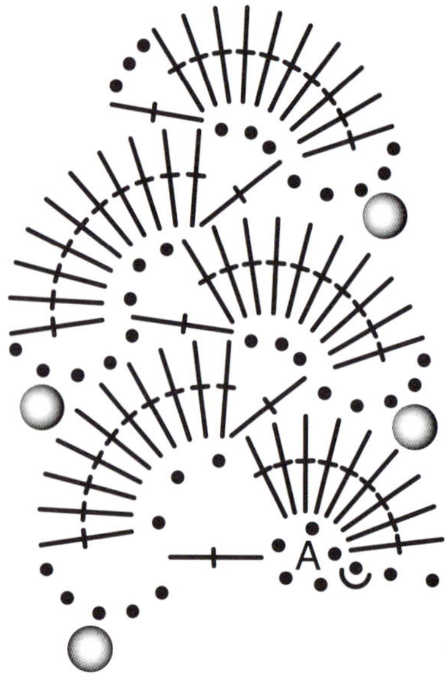

②

2. Reihe: Auf jede M der Vorreihe fM häkeln. Wenden mit 2 Lm.

Mustersatz so oft wiederholen, bis die gewünschte Länge erreicht ist.

② Perlen auffädeln. 5 Lm mit Km zum Ring schließen.

1. Reihe: 3 Lm, 9 Stb, 3 Lm, 1 Stb in diesen Ring häkeln. Wenden. 2 Lm, 1 Perle und 1 Lm, 2 Lm und

2. Reihe: 10 Stb, 3 Lm, 1 Stb auf die 3 Lm der Vorreihe arbeiten. Wenden.

2 Lm, 1 Perle und 1 Lm, 2 Lm häkeln.

2. Reihe so oft wiederholen, bis die gewünschte Länge erreicht ist.

③ Perlen auffädeln. 11 Lm anschlagen.

1. Reihe: In die 5. Lm ab Nadel beginnen, 3 Stb, 2 Lm, 2 Lm der Vorreihe überspringen, 3 Stb in 1 Lm, 2 Lm, 3 Stb in letzte Lm der Vorreihe. 2 Lm, 1 Perle und 1 Lm, 2 Lm häkeln.

2. Reihe: 3 Stb, 2 Lm, 3 Stb auf die 2 Lm der Vorreihe, 2 Lm, 2 Lm der Vorreihe überspringen, 4 DStb. Wenden mit 3 Lm.

Mustersatz so lange wiederholen, bis die gewünschte Länge erreicht ist.

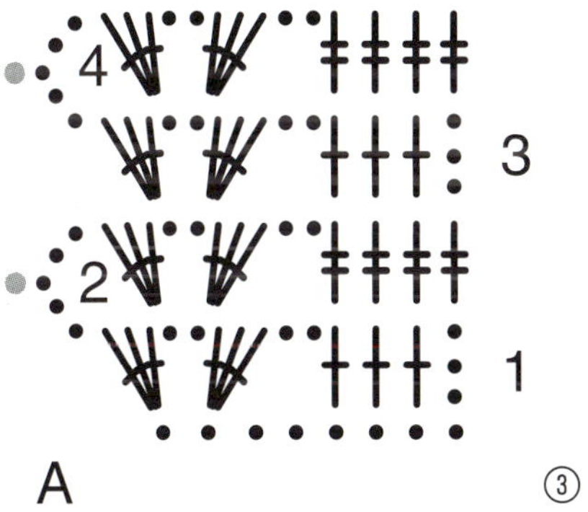

Tipp

Wenn Sie in der 1. und 2. Reihe nur Stb und keine DStb häkeln, bekommt die Spitze eine leichte Biegung (wie für eine Kette oder einen Kragen gewünscht).

Überhäkelter Lampenschirm

Material

- Baumwollgarn »Manuela« von Stahl, Stärke 10, terrakotta (Fb 402)
- Holzperlen, orange (Ø 6 mm), grün (Ø 10 mm), braun (Ø 10 mm), blau (Ø 12 mm) und gelb (Ø 8 mm)
- Häkelnadel Nr. 3.0 oder 3.5
- Schusterlampe

Ausführung

Das Häkelgarn wird doppelfädig verarbeitet.

56 Lm mit 1 Km zum Ring schließen.

1. Runde: 4 Lm zum Anfang (auch in jeder weiteren Runde), 1 Stb (in die zweite Lm der Anschlagrunde einstechen) und 1 Lm im Wechsel häkeln, dabei stets 1 Lm des Lm-Rings überspringen. Mit 1 Km in die dritte Lm des Anfangs schließen.

2. Runde: 1 Km zum ersten Lm-Bogen (= Lücke zwischen 2 Stb), darauf 4 Lm, 1 Stb in nächste Lücke, 1 Lm und 1 Stb-Block (= 1 Stb, 1 Lm, 1 Stb) in nächste Lücke, 1 Lm und 1 Stb in nächste Lücke, 1 Lm und 1 Stb in nächste Lücke, 1 Lm und 1 Stb in nächste Lücke (= 3 x). In die nächste Lücke wieder 1 Lm, 1 Stb, 1 Lm und 1 Stb häkeln usw. Mit 1 Km in die 3. der Wende-Lm enden.

3. Runde: 1 Km zum ersten Lm-Bogen, 4 Lm, 1 Stb in die nächste Lücke, 1 Lm, 1 Stb-Block (= 1 Stb / 1 Lm / 1 Stb) in die nächste Lücke, nun 4 x 1 Stb / 1 Lm auf die nächsten 4 Lücken.

Das bedeutet, Sie nehmen zwischen den Stb-Blöcken pro Runde stets 1 Stb / 1 Lm zu. In der 17. Runde haben Sie also 18 Einzel-Stb zwischen jedem Stb-Block.

18. Runde: Auf jede M der Vorrunde 1 Stb häkeln.

Perlenkante
Nach jeder Runde schneiden Sie den Faden ab, fädeln neue Perlen auf und schlingen mit neuem (doppeltem!) Faden an.

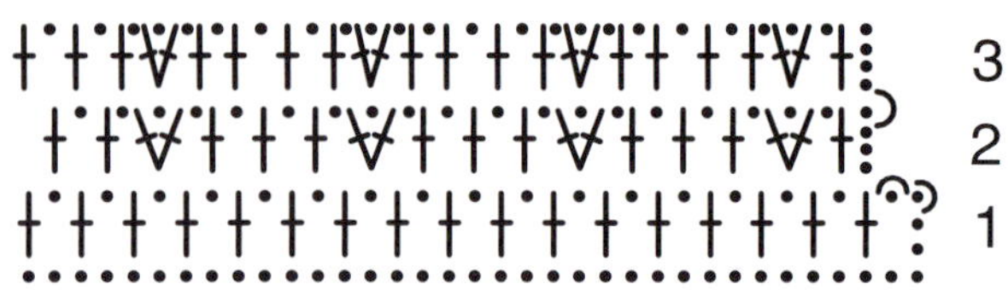

A

1. Runde: 30 orangefarbene Perlen auffädeln, 11 Lm häkeln, dabei 8 Stb der Vorrunde überspringen, 1 fM und 1 Perle in die nächste fM häkeln. Bis zum Ende der Runde fortsetzen. Mit 1 Km Runde beenden.

2. Runde: 30 grüne Perlen auffädeln, in der Mitte des Lm-Bogens (= der 11 Lm) der Vorrunde anschlingen, 1 fM und 1 Perle häkeln, 11 Lm, in die Mitte des nächsten Lm-Bogens einstechen, 1 fM und 1 Perle häkeln. Bis zum Ende der Runde fortsetzen (= im Wechsel 11 Lm / 1 fM und 1 Perle). Mit 1 Km in die erste fM beenden.

3. Runde: 30 braune Perlen auffädeln, wie 2. Runde häkeln

4. Runde: Für diese Runde muss man die Reihenfolge der Perlen sorgfältig beachten: gelb, orange, blau, orange, gelb usw. im Wechsel auffädeln.

In die Lm-Bögen der Vorrunde wie folgt einhäkeln: 1 fM und 1 gelbe Perle, 7 Lm, eine orangefarbene, eine blaue und noch eine orangefarbene Perle mit 1 Lm fixieren, 7 Lm. Bis zum Ende der Reihe fortführen. Mit 1 Km in die erste fM enden.

Tipp

Da Schusterlampen in Form und Größe variieren, müssen Sie die Maschen- und Rundenanzahl entsprechend anpassen. Probieren Sie die Häkelarbeit immer wieder an Ihrer Lampe an. Auch die Perlenanzahl für die Kante kann sich natürlich ändern.

Festlicher Serviettenring

Material

- Baumwollgarn »Manuela« von Stahl, goldlack ombré (Fb 209)
- Goldperlen, Ø 3 mm
- Häkelnadel Nr. 2.0 und 2.5
- Plastikring, gewölbt, Ø 39 mm

Ausführung

26 bis 30 Goldperlen auffädeln.

1. Runde: Ring mit fM umhäkeln (mit Häkelnadel Nr. 2.5 – dann kann man in der zweiten Runde leichter einstechen!).

2. Runde: fM häkeln (mit Häkelnadel Nr. 2.0).

3. Runde: 3 Lm, 50 Stb häkeln. Wenden. Ab hier wird in hin- und hergehenden Reihen weitergehäkelt.

4. Reihe: 5 Lm, 2 Stb in das nächste Stb der Vorrunde, dazwischen 2 Lm, 1 Stb überspringen, wieder 1 Stb, 2 Lm, 1 Stb in nächste M häkeln. Bis zum Ende der Reihe fortfahren.

5. Reihe: Zwischen die Stb der Vorreihe einstechen, Faden durchholen, 1 Perle fest heranschieben und mit neuer Schlinge beide auf der Nadel befindlichen Schlingen zur fM abmaschen, dann 3 Stb auf die 2 Lm. Bis zum Ende der Reihe fortsetzen.

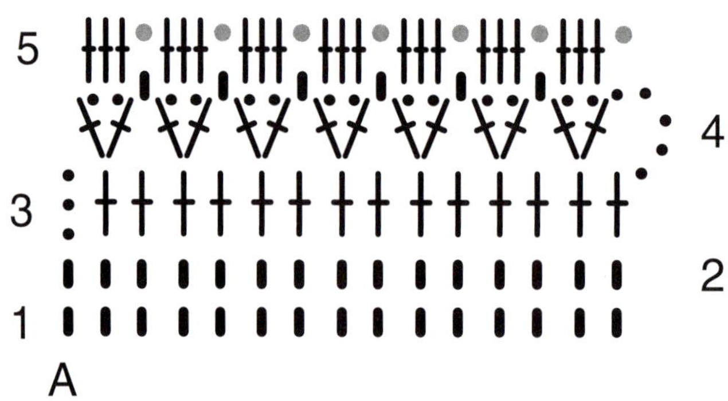

Dior-Röschen als Kerzenkranz

Material

- Baumwollgarnreste »Manuela« von Stahl, Stärke 10 oder 15
- Häkelnadel Nr. 1.75 oder 2.0
- Kerzenkranz mit Blüten

Ausführung

24 Lm anschlagen, darauf zurückgehend wie folgt häkeln:

24. – 20. Masche: 4 fM in jede M.

19. – 15. Masche: 4 hStb in jede M.

14. – 8. Masche: 3 DStb in jede M.

7. – 5. Masche: 1 hStb in jede M.

4. Masche: 1 Stb.

3. – 2. Masche: 1 fM in jede M.

Mit 1 Km Runde beenden.

Blüten vom Kranz abmontieren. Endfaden um Blütenstempel wickeln und vernähen. Blüte wieder auf dem Kranz befestigen.

Bunte Weihnachtskugeln

Material

- Effektdraht, Ø 0,22 mm, grün, rot und gold
- Kristallperlen, Ø 3 – 4 mm, weiß
- Wachsperlen, Ø 4 mm, rot und weiß
- Gold- und Silberperlen, Ø 3 mm und 4 mm
- Häkelnadel Nr. 3.0
- Kugeln in verschiedenen Farben, Ø 6 cm und 8 cm

Ausführung

Für eine Kugel von 6 cm Durchmesser fädeln Sie 48 bis 50 Perlen auf.

8 Lm mit Km zum Ring schließen.

1. Runde: In den Lm-Ring 8 x 5 Lm / 1 fM im Wechsel häkeln, am Schluss noch 3 Lm und 1 DStb.

Nun in Schneckenrunden weiterarbeiten: Im Wechsel 5 Lm, 1 Perle an die Nadel schieben, 1 fM. In der letzten Runde nur noch 3 Lm im Wechsel mit je 1 fM arbeiten.

Das Netz wenden, denn die Perlen liegen ja innerhalb. Netz über die Kugel ziehen und die Lm-Schlingen mit dem Drahtende zusammenziehen. Aufhänger anbringen.

Für eine Kugel von 8 cm Durchmesser fädeln Sie ca. 80 Perlen auf und beginnen mit 10 Lm.

1. Runde: In den Lm-Ring 10 x 5 Lm / 1 fM im Wechsel häkeln, am Schluss 4 Lm und 1 DStb. Weiter wie die kleinere Kugel arbeiten.

Bezugsquellen

Wolle und Garne, Perlen und sonstiges Zubehör erhalten Sie in Handarbeitsfachgeschäften und Bastelläden. Wenn Sie Materialien nicht bekommen, können Sie sich auch an folgende Adressen wenden:

Häkelgarne
Schoeller + Stahl
Auenstr. 1
73079 Süssen

Lurex-Garne
Madeira
U. + M. Schmidt & Co. GmbH
Hans-Bunte-Str. 8
79108 Freiburg

Perlen und Bastelzubehör
Rayher Hobbykunst
Postfach 14 62
88464 Laupheim

Börsen- und Taschenbügel
(Hergestellt von Friedrich Münch GmbH, Mühlacker)
Nadel & Faden
Manuela Weikum
Carl-Kistner-Str. 19
79115 Freiburg
Tel: 07 61 / 44 10 44
Fax: 07 61 / 44 10 45

Kugeln
MTG
Moda Trading GmbH
Römerring 34
76768 Berg/Pfalz

Die Deutsche Bibliothek – CIP-Einheitsaufnahme

Omas kleine Häkeleien : zauberhafte Accessoires aus Garn und Perlen / Brigitte Kirschning. –
München: Augustus-Verl., 2000
ISBN 3-8043-0780-9

Die im Buch veröffentlichten Ratschläge wurden von Verfasserin und Verlag sorgfältig erarbeitet und geprüft. Eine Garantie kann dennoch nicht übernommen werden. Ebenso ist eine Haftung der Verfasserin bzw. des Verlages und seiner Beauftragten für Personen-, Sach- und Vermögensschäden ausgeschlossen.

Bei der Anwendung im Unterricht und in Kursen ist auf dieses Buch hinzuweisen.

Fotografie: Klaus Lipa, Diedorf bei Augsburg
Lektorat: Margit Bogner
Graphiken/Häkelschriften: Karin Jerg
Umschlagkonzeption:
Kontrapunkt, Kopenhagen
Herstellung und Umschlaglayout:
Charmaine Müller
Layout: Anton Walter, Gundelfingen

Satz: Gesetzt aus 10 Punkt Caecilia Light in QuarkXPress von DTP-Design Walter, Gundelfingen
Reproduktion: GAV PrePress, Gerstetten
Druck und Bindung: Appl, Wemding

Gedruckt auf 115 g umweltfreundlich elementar chlorfrei gebleichtem Papier.

ISBN 3-8043-0780-9

Printed in Germany